Genehmigte Lizenzausgabe für
FISCHER-VERLAG, Remseck bei Stuttgart, 1993

Based on the novels by Colin Dann and the animation series
produced by Telemagination and La Fabrique for the BBC
and the European Broadcasting Union

Story by Colin Dann
Text by Mary Risk
Illustrations by The County Studio

Übersetzung:
Veronika Mirschel, Munchen
Christine Wehling, Munchen

ISBN 3-439-82120-X

Der Wald brennt!

Fischer

Die Tiere aus dem Talerwald waren die ganze Nacht marschiert. Nun konnten sie endlich schlafen. Dachs träumte von seinem alten Bau. Morgen würden riesige Bagger ihn zerstören. Eule träumte von ihrem Lieblingsast. Die mächtige, alte Eiche war bereits gefällt worden, um Platz für neue Häuser zu schaffen.

Fuchs schlief nicht sehr fest. Als Führer der Tiere mußte er Tag und Nacht wachsam sein. „Folgt mir, Kumpels!“ quakte Kröte im Schlaf. „Ich weiß als einzige den Weg zum Naturreservat. Dort sind wir sicher.“
Und was war mit Maulwurf? Er träumte, wie gewöhnlich, von fetten, saftigen Würmern.

Plötzlich gab es eine heftige Explosion. „Ei-ein Erdbebeben!" schrie Mutter Kaninchen. „Reg dich nicht auf", beruhigte sie Vater Kaninchen. „Oh, meine armen Nerven!" „Die Jagdsaison wurde anscheinend diesmal früh eröffnet", stellte Fuchs fest. „Das ist schlecht." Turmfalke flog los, um auszukundschaften, was da im Gange war.

„Kii! Kii!“ rief er, als er wieder landete. „Hier sind Soldaten. Wir befinden uns auf Armeegelände.“ „Laßt uns gleich weitergehen“, schlug Fuchs vor.

„Aber wo ist Maulwurf?“ fragte Dachs.

Eine kleine Schnauze drückte sich durch die Erde nach oben, dann folgte der Rest von Maulwurf. „Entschuldigung“, meinte er, während er einen Wurm hinunterschluckte. „Ich bin gerade mit dem Frühstück fertig.“

Turmfalke führte sie zum Sumpf.
„Komm, mein Baby!“ lockte Mutter Molch.
„Wir wollen schwimmen gehen.“
„Wasser!“ quiekte das Baby. „Wasser!“
Mit einem Stöhnen der Erleichterung ließen sie sich in den Sumpf plumpsen. Kröte sprang hinterher. Beunruhigt schaute ihnen Fuchs zu.
„Ihr seid ziemlich erschöpft“, stellte er fest.

„Mach dir meinetwegen keine Sorgen“, quakte Kröte tapfer. „Aber die Molche schaffen es nicht weiter. Können sie nicht hierbleiben?“ „Ja, genau!“ riefen die Molche. „Wir bleiben hier.“ „Einverstanden“, entgegnete Fuchs. „Ich wünsche euch viel Glück, Molche.“ „Hurra!“ quiekte Baby Molch. „Wir werden hier wohnen!“ Und es spritzte wild im Wasser.

Fuchs versammelte die anderen Tiere um sich. „Bevor die Nacht beginnt, müssen wir den Sumpf überquert haben“, erklärte er. „Es ist Zeit, weiterzugehen.“
„Wirklich sofort?“ fragte Maulwurf. „Die Würmer hier sind so fett, so lecker, so saftig...“
Da meinte Eule streng: „Eines Tages, Maulwurf, wirst du so vollgefressen sein, daß du in einem deiner Gänge steckenbleibst.“

Sie marschierten los. Kreuzotter schlängelte hinter den Mäusen her. „Fette Mäussse mag ich ssso sssehr“, zischte sie scherzend. Die Mäuse schlotterten vor Angst.
„Kreuzotter“, rief Fuchs, „hör auf damit!“
Keiner achtete auf das Auto, das die Straße hinter ihnen entlanggefahren kam. Und niemand sah die Zigarettenkippe, die ein Fremder einfach ins trockene Gras schleuderte.

Zuerst roch Wiesel den Rauch.
„Feuer!“ schrie es. „Das ist kein Scherz! Wirklich!“
Kurz vorher hatte es die Kaninchen damit geärgert. „Du treibst doch nur wieder deinen Spaß mit uns“, entgegegneten sie.
„Wenn wir sowieso schon mal anhalten...“ murmelte Maulwurf und rutschte von Dachs‘ Rücken. Eine Sekunde später grub er in der Erde nach Würmern.

„Wo ist Kröte?“ wollte Fuchs wissen. „Wir dürfen unsere Führerin nicht verlieren. Wo...“ Urplötzlich schoß Turmfalke aus der Luft herab. „Feuer! Feuer!“ schrie er. „Wir sind in Gefahr! Lauft weg!“

Die Kaninchen schlotterten vor Angst.

„Ruhe bewahren, Ruhe bewahren!“ rief Mutter Kaninchen und schoß in die falsche Richtung davon. „Komm zurück!“ befahl Dachs schroff. „Wir müssen zusammenbleiben.“

Jetzt sah auch Fuchs das Feuer. Er spürte die Hitze der Flammen und hörte das schreckliche Knistern. Wabernde Qualmwolken brachten ihn zum Husten und Spucken. Sein Instinkt befahl ihm wegzurennen, aber er blieb stehen. „Ich muß die anderen retten“, machte er sich klar. „Und ich muß unbedingt Kröte finden! Sie ist die einzige, die den Weg kennt.“

„Turmfalke!“ rief er. „Bring uns alle auf die andere Seite des Sumpfes. Die Großen sollen langsam laufen und auf die Kleinen warten.“
„Wir können nicht losgehen“, sagte Dachs ängstlich. „Wir haben Maulwurf verloren. Und Kreuzotter.“ Da schlängelte sich Kreuzotter aus den Qualmwolken hervor. „Sssuper, dasss ihr auf mich wartet“, zischte sie.

„Oh, Maulwurf, wo bist du?“ fragte Dachs. „Kommt jetzt!“ befahl Turmfalke. „Folgt mir!“ Fuchs zitterte vor Angst, aber er rannte los – auf das Feuer zu.
„Wo willst du hin, Fuchs?“ fragte Turmfalke. „Ich muß Kröte finden“, antwortete Fuchs. Der beißende Rauch erstickte ihn fast. Die Flammen schlugen neben ihm hoch. Aber er rannte weiter und weiter.

„Kröte!“ schrie er. „Wo bist du?“
Kröte quakte ganz schwach. Sie duckte sich auf den Boden und erwartete ihren Tod.
„Ich komme, Kröte!“ hustete Fuchs.
Kröte blickte auf. „Du kommst meinetwegen zurück“, hauchte sie. „Danke, Kumpel.“
Fuchs packte Kröte vorsichtig mit seinem Maul und brachte sie aus dem Feuer in Sicherheit.

Während das Feuer über ihm wütete, grub sich Maulwurf durch den Untergrund. Er hörte zwar, wie Dachs nach ihm rief, aber gerade in diesem Moment erblickte er einen Wurm. „Ein paar Minuten länger hier unten machen jetzt auch nichts mehr aus", dachte er voller Gier und schlang den Wurm hinunter.
Dann grub er endlich einen Gang in Richtung Oberfläche.

Maulwurf warf einen kleinen Sandhügel auf, während er sich aus der Erde schob. Als er zur Oberfläche durchbrach, waren Feuerwehrleute dabei, die Flammen mit ihren Schläuchen zu löschen. Der Boden war kohlrabenschwarz und durchweicht. Ein Feuerwehrmann sah ihn. „Armer kleiner Kerl“, meinte er mitfühlend und steckte Maulwurf in seine Jackentasche.

Das Feuer breitete sich rasch über die andere Seite des Sumpfes aus, wo die Tiere sich ängstlich zusammenkauerten. Turmfalke kreiste über ihnen, um einen Fluchtweg zu suchen. „Fuchs“, rief er. „Da ist eine Insel mit einem Damm, über den ihr dorthin gelangen könnt. Das Wasser dort ist sehr flach. Aber beeilt euch! Das Feuer kommt näher.“

Für die großen Tiere war es einfach, über den Damm zu laufen. Aber die kleinen standen am Ufer und zitterten vor Angst.
„Wir schaffen es nicht alleine. Wir werden ertrinken!“ kreischten sie.
„Klettert auf mich“, schlug Dachs vor.
Die kleineren Tiere kletterten auf die Rücken von Dachs und Fuchs und hielten sich gut fest, während sie zur Insel hinübergetragen wurden.

Maulwurf spähte aus der Tasche des Feuerwehrmanns. Die Jacke hing an der Tür des Feuerwehrautos. Schnell krabbelte er hinaus. „Schaut her, da ist Mauli!“ rief Turmfalke. „Freund Maulwurf wird uns hier niemals finden“, sorgte sich Fuchs. „Eule, wenn du zusammen mit Turmfalke die Feuerwehrleute ablenkst, dann laufe ich los und hole ihn.“

„Wo sind nur Dachs und die anderen?“ fragte sich Maulwurf. In diesem Augenblick hörte er Eules „Huh-huh!“ und Turmfalkes „Kii! Kii!“ und sah die beiden Vögel in die Luft aufsteigen. Sie tauchten urplötzlich ab und wendeten direkt vor den Köpfen der Feuerwehrleute.
Es war eine tolle Flugvorführung. Die Feuerwehrleute beobachteten gebannt ihren Flug.

Fuchs erkannte die gute Gelegenheit. Er schoß über den Damm zu Maulwurf hin, der kurzsichtig um sich herumblinzelte und nicht wußte, welchen Weg er einschlagen sollte. „Schnell, klettere auf meinen Schwanz!“ befahl Fuchs. „W-was? W-wo?“ stotterte Maulwurf. Dann erkannte er den buschigen Schwanz und sprang auf ihn.

Einer der Feuerwehrmänner erblickte sie. „He! Schaut euch diesen Fuchs an!“ rief er, und alle Feuerwehrleute drehten sich zu ihm um.
„Und da sind noch mehr Tiere auf dieser Insel“, stellte ein anderer fest. „Kaninchen, Igel, Eichhörnchen und ein Dachs: Arme, kleine Tierchen. Lassen wir sie in Frieden.“

Die Tiere beobachteten, wie die Feuerwehrleute abzogen.
„Oh, ich danke dir, Fuchs! Danke, danke!“ schluchzte Maulwurf. „Ich war verrückt. Ich verspreche euch, nie wieder so gierig zu sein. Ich habe euch so sehr vermißt, besonders dich, Dachs.“
Dachs nahm seinen kleinen Freund hoch.
„Und ich habe dich vermißt, Mauli“, gab er zu.

Ein Regentropfen fiel auf Krötes Kopf.
„Aha, Regen“, lachte sie glücklich.
„Nicht alle mögen Regen“, entgegneten die Kaninchen. „Wir lieben es warm und trocken.“
„Alle mir nach“, rief Fuchs. „Laßt uns eine Stelle finden, wo wir uns ausruhen können.“
„Gute Idee, Fuchs“, stimmte Dachs ihm zu, und auch die anderen Tiere waren sofort einverstanden.